AF497329

7461

VAUCANSON A LYON,

EN 1744.

LYON. — IMP. DE MARLE, RUE ST-DOMINIQUE, 13.

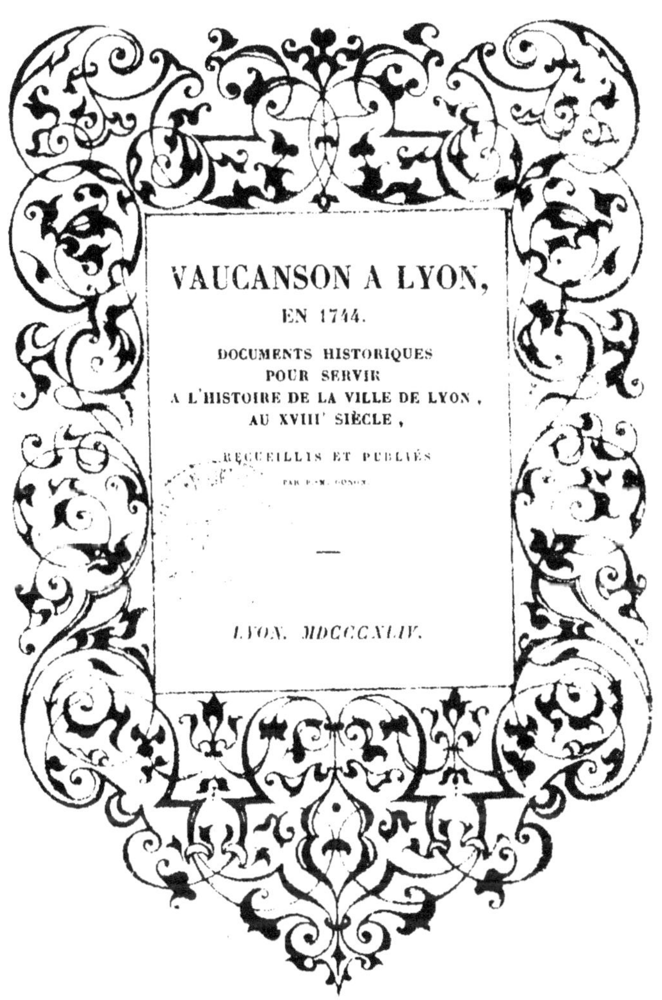

VAUCANSON A LYON,

EN 1744.

DOCUMENTS HISTORIQUES
POUR SERVIR
A L'HISTOIRE DE LA VILLE DE LYON,
AU XVIII' SIÈCLE,

RECUEILLIS ET PUBLIÉS

PAR F.-M. GONON.

LYON. MDCCCXLIV.

VAUCANSON A LYON,

EN 1744,

DOCUMENTS HISTORIQUES

POUR SERVIR A L'HISTOIRE DE LA VILLE DE LYON,

AU XVIIIe SIÈCLE.

Les progrès des sciences qui abrègent la main-d'œuvre ont de tout temps ému et soulevé les ouvriers , qui , du reste , ont toujours été victimes des mauvaises inspirations qui les ont ainsi déterminés à vouloir faire obstacle à l'irrésistible mouvement de l'esprit humain. Le séjour de Vaucanson à Lyon, en 1744, en est une preuve de plus. En voici le récit :

Jacques Vaucanson, chargé par le cardinal Fleury d'inspecter les manufactures d'étoffes de soie, se rendit à Lyon, en 1744, où il ne tarda pas à introduire des perfectionnements dans l'industrie de la soierie. Ces perfectionnements mécontentèrent vivement les ouvriers , et des voies de fait ne tardèrent pas à suivre les injures. Citons à ce sujet le texte de la *Biographie universelle* :

« Il fut poursuivi à coups de pierres par des ouvriers en soie,
« parce qu'ils avaient ouï dire qu'il cherchait à simplifier les
« métiers. Pour s'en venger, il construisit une machine avec la-
« quelle un âne exécutait une étoffe à fleurs. Il mit fin par là à
« une discussion où l'on faisait valoir, auprès du gouvernement,
« l'intelligence peu commune que devait avoir un ouvrier en
« étoffes de soie, dans la vue d'obtenir, en faveur de ces fabri-
« ques, quelques-uns des priviléges que l'ignorance accorde
« quelquefois à l'intrigue, sous le prétexte si commun et sou-
« vent si trompeur du bien public. »

Nous n'admettons pas la conséquence qui semble résulter de la citation précédente ; car un génie tel que Vaucanson pouvait opérer bien d'autres merveilles dans la plupart des branches d'industrie et de connaissances humaines étrangères à la fabrique de la soie, sans que pour cela on ait le droit de comparer ceux qui les exercent à des ânes. Les automates parlant n'ont jamais prouvé l'inintelligence de la parole, de l'éloquence, de ce verbe sublime qui a fait de l'homme le chef-d'œuvre de la création.

La mécanique reçut de Vaucanson un grand essor, l'on peut en juger par les nombreuses machines de son invention, qui existaient encore en l'an II de la République française dans le Conservatoire des arts et métiers ; voici le catalogue tel qu'il fut dressé à cette époque. « Machines inventées par Vaucanson, pour la construction des moulins à soie : les moulins à soie eux-mêmes, les machines propres au cordage et à la filature du coton, les métiers à fabriquer les étoffes dans toutes les largeurs avec la navette volante, des moyens mécaniques pour la réduction des marches, et les changements de navette à employer pour les étoffes de différentes couleurs, des métiers propres à fabriquer plusieurs pièces d'étoffes à la fois ; les machines à faire les lacets, les cordonnets, des métiers à tricot ordinaire, à tricot sans envers, à mailles fixes, à peluches, à tricot sur chaînes, des métiers à dentelle, avec un grand nombre d'autres machines ou modèles de machines employées dans les divers ateliers des arts. » (1)

Vaucanson n'était pas le seul qui s'occupât de perfectionner nos fabriques. Dans le silence du cloître, un de nos compatriotes, le père Péronier, minime, en faisait l'objet de ses veilles, et c'est à lui que l'on doit la première idée de monter la soie à tours comptés ; il voulait, disait-il : (2) « que l'on vende son organsin à l'aune,

---

(1) *Instruction sur la manière d'inventorier et de conserver, dans toute l'étendue de la République, tous les objets qui peuvent servir aux arts, aux sciences et à l'enseignement, proposée par la commission temporaire des arts, et adoptée par le comité d'instruction publique de la Convention nationale.* — Paris, imp. nationale, l'an II de la République française.

(2) *Prospectus d'une souscription pour la construction d'un nouveau moulin à soie, de l'invention du père Péronier, minime.* Lyon, Aymé de la Roche, 1770, in-fol.

pour ainsi dire autant qu'au poids ; il pensait que messieurs les fabricants, après l'adoption générale de son moulin, n'auraient plus à soupçonner la fidélité de leurs teinturiers , et ceux-ci ajouteraient le plus grand prix à voir leur probité à l'abri de tout soupçon ; il faut être fabricant pour apprécier ces avantages , ils n'ont pourtant pas échappé à Vaucanson, puisqu'il a cherché à les procurer, mais sans doute par une suite de cette loi générale, qui met une gradation dans les progrès de toutes les connaissances positives, il était réservé au P. Péronier de déterminer la longueur de l'écheveau, perfection propre du nouveau moulin, et inapplicable à tout autre. »

Vaucanson a publié un mémoire critique sur le moulin à organsiner les soies, exécuté à Lyon par le P. Péronier, minime, dont les faibles ressources qu'il pouvait avoir dans son état de simple religieux , le déterminèrent à en demander au ministre en lui présentant un mémoire descriptif de son moulin ; ses plans furent adressés à l'Académie des sciences qui , par l'organe et sur le rapport d'un de ses membres , les a improuvés dans un mémoire imprimé. Le P. Péronier fut assez heureux de trouver un défenseur zélé dans M. du Perron, qui publia des Lettres servant de réponse au mémoire critique de Vaucanson. » (1)

Dix ans plus tard un autre Lyonnais inventa un nouveau métier pour toutes les étoffes en soie brochées et autres, dédié et présenté au roi en 1780 par son très-respectueux et fidèle sujet Claude Rivey , mécanicien et fournisseur de la garderobe de S. M. et de LL. AA. RR. M. le comte et Mme la comtesse d'Artois. Ce métier réunit deux objets principaux et six accessoires.

Le premier objet , la suppression des tireurs de cordes aux étoffes brochées et façonnées , ce qui évite à l'ouvrier le besoin d'un aide, des pertes de temps considérables, et rend à l'agriculture bien des sujets qui perdaient leur santé dans cet état.

Deuxième objet. La réduction de trente-six pédales et plus à une seule, ce qui évite la défectuosité aux étoffes, et des incommodités aux ouvriers.

Les accessoires sont, 1° le décrochement au lieu du dénoûment des cordes de l'étoffe du corps de l'étoffe.

---

(1) Lyon, Jacquenod et Rusand, libraires, 1770.

2° Le débouclage des samples et rames pour le prompt changement du dessin ;

3° Un cassin pour les varier à l'infini ;

4° Des rouleaux de verre pour éviter aux cordes de tomber entre les poulies du cassin ;

5° Un guide pour indiquer à l'ouvrier les nuances dont il doit brocher ses fleurs ;

6° La solidité des métiers sans ponteaux ni étayes, ce qui ne dégrade aucunement la maison comme ci-devant, et donne plus de brillant et de carte aux étoffes.

Toutes ces découvertes importantes au commerce et à l'humanité, d'après le désir du gouvernement ont été examinées en 1779, par MM. les intendants du commerce, par l'Académie des sciences, par MM. de la Société libre d'émulation, et le corps des fabricants de Paris ; en 1781, par MM. les prévôts des marchands, échevins, syndics du commerce, maîtres-gardes, fabricants et passementiers à Lyon, ainsi que par l'Académie et la chambre de commerce qui les ont également examinés et approuvés.

L'auteur a aussi inventé les tricots à fleurs, source d'une nouvelle branche de commerce, dont l'importance a été reconnue et approuvée en 1775. (Voyez la *Gazette de France* du 29 juin 1776.)

Cette description fait partie d'une très-grande gravure représentant le métier de Claude Rivey, vu de face et de profil. Au-dessous sont gravées les armes de France, puis le texte que nous venons de transcrire.

Jacquard avait-il connaissance de ce métier ? y a-t-il puisé le sien ? Il serait très-curieux pour une personne initiée à la fabrique de s'occuper de ces recherches.

La présence de Vaucanson dans notre ville fut probablement le point de départ de la sédition excitée à Lyon au mois d'août 1744, par les ouvriers et les compagnons en étoffes de soie, les maîtres-gardes de la communauté des fabricants de bas de soie, ceux des teinturiers et des charpentiers, crocheteurs et gens de peine des différents ports. Les troubles et les désordres furent excessivement graves, à tel point que le Consulat se vit forcé, pour en éviter de plus grands, de rendre plusieurs ordonnances dictées et imposées par les séditieux pendant un moment de triomphe ; ces ordonnances furent cassées par arrêt du conseil d'Etat, et les ouvriers, qui les avaient exigées, furent poursuivis, mis en jugement par lettres-patentes du roi, jugés à Lyon et punis avec une terrible sévérité.

La rareté de ces pièces historiques et le contraste des formes judiciaires de cette époque avec celles de nos jours nous engage à les reproduire, ainsi qu'il suit, dans leur ordre de date.

ORDONNANCES IMPOSÉES AU CONSULAT DE LA VILLE DE LYON PAR LES SÉDITIEUX (1).

De par le roi et monsieur le prévost des marchands et commandant à Lyon.

« Il est ordonné que les réglements de la fabrique de 1737 seront exécutés ainsi qu'ils étoient avant ceux de 1744, qui sont regardés comme non-avenus, et demeurent supprimés ; le tout sans appel.

Enjoint aux maîtres marchands de s'y conformer, et aux maîtres-gardes, tant marchands, petits marchands qu'ouvriers ci-devant en charge, de tenir la main à l'exécution du réglement de 1737, lequel sera de nouveau lu , publié et affiché. Et sera la présente ordonnance, lue, publiée, imprimée et affichée partout où besoin sera.

Il est ordonné aux maîtres-gardes, marchands, petits marchands et ouvriers, savoir : les sieurs Benoît, de Pravieux, Girardon, Guy, Madinier, Desfarges et autres requis, de signer au bas de notre ordonnance, pour l'approuver et y donner plein consentement.

A Lyon, ce 6 août 1744.

« *Signé*, Claret de la Tourette, prévôt des marchands.»

De par messieurs les prévost des marchands et échevins de Lyon, juges consulaires de la police des arts et métiers de ladite ville , (2).

« Supplient humblement les maîtres-gardes de la communauté des maîtres teinturiers en soye de cette ville, et vous remontrent que l'ordonnance par vous rendue , le 10 juin dernier, quoique rendue sur de justes motifs, leur paroît préjudiciable aux intérêts de leur communauté , et pourtant leur paroît devoir être révoquée pour maintenir le bon ordre et la police publique.

« Ce considéré , il vous plaise prononcer que votre ordonnance du 10 juin dernier sera révoquée et regardée comme non avenue, et que les statuts du règlement de l'année 1716, seront exécutés comme ils l'ont été jusqu'au dit jour , 10 juin dernier, et ferez, messieurs, justice.

Signés : Gaspard , Sibert , Louis Fournier , François Gautier , Antoine Cottier , Etienne Dubois, Richard , Antoine Devaut, Jacques Roubet.

---

(1) *Lyon, imp. d'Aimé de la Roche,* in fol.

(2) *Lyon, imprimerie d'Aimé de la Roche ,* 1744, in-fol.

« Veu la susdite requête présentéə par les maîtres-gaïdes de
la communauté des maîtres teinturiers en soye de cette ville ;
tendant à ce que notre ordonnance du 10 juin dernier soit révoquée et regardée comme non avenue, et que les statuts et
règlements de l'année 1716 soient exécutés comme ils l'ont été
jusqu'au dit jour de notre ordonnance du 10 juin dernier,

« Le consulat a ordonné et ordonne que du susdit consentement desdits maîtres-gardes, notre ordonnance du 10 juin dernier demeurera supprimée, et sera regardée comme non avenue,
et que les statuts et règlements de l'année 1716, seront exécutés
comme ils l'ont été jusqu'au dit jour de notre ordonnance du
10 juin dernier : le tout sans appel. Et sera la présente ordonnance, lue, publiée et affichée, pour que, tant les maîtres que
compagnons, n'en prétendent cause d'ignorance et passe outre
comme pour exécution de règlement et fait de police d'arts et
métiers, nonobstant opposition ou appellation quelconque et
sans préjudice d'icelle. Fait à Lyon par nous prévost des marchands et échevins de ladite ville, le 7 août 1744. »

Signés : Claret de la Tourette, Valfray,
Barbier, Gillet, Monlong.

*De par messieurs les prévost des marchands et échevins de Lyon,
juges consulaires de la police des arts et métiers de ladite
ville. (1).*

« Supplient humblement les maîtres-gardes de la communauté des maîtres charpentiers de cette ville, et vous remontrent, qu'ils avoient cru devoir, pour le bien de la communauté,
vous demander l'ordonnance que vous rendîtes le 28 novembre
dernier ; mais comme ils se sont aperçus depuis que les dispositions de cette ordonnance, bien loin d'être avantageuses à
leur communauté, pourroient lui être préjudiciables, c'est pourquoi ils requièrent à ce qu'il vous plaise. Messieurs, supprimer
ladite ordonnance du 28 novembre dernier, et ordonner que
les statuts et règlements de ladite communauté de l'année 1732,
seroient exécutés comme ils l'ont été avant ladite ordonnance.

Signés, A. Vallin, F. Page, P. Perache, Ponchon.

« Veu la susdite requête présentée par les maîtres-gardes de
la communauté des charpentiers de cette ville, tendant à ce
que notre ordonnance du 28 novembre dernier soit révoquée, et
que les règlements et statuts de ladite communauté de l'année
1732, soient exécutés suivant leur forme et teneur, et comme
ils l'ont été avant notre ordonnance dudit jour 28 novembre dernier,

« Le consulat a ordonné et ordonne ensuite du consentement des maîtres-gardes, que notre ordonnance dudit jour 28

---

(1) *A Lyon, imp. d'Aimé de la Roche*, 1744, in-fol.

novembre dernier, demeurera revoquée et comme non avenue;
et en conséquence que lesdits statuts et règlements seront
exécutés comme ils l'ont été jusqu'au jour de notre dite ordonnance, le tout sans appel. Et sera la présente ordonnance imprimée, lue, publiée et affichée et exécutée, nonobstant toutes
oppositions et appellations, comme pour fait de police d'arts et
métiers.

« Fait au consulat le 7 aoust 1744.

Signés CLARET DE LA TOURETTE, VALFRAY, BARBIER,
GILLET, MONLONG. »

Au roi et à nosseigneurs de son conseil (1).

« Les marchands fabricants en drap d'or, d'argent et de soye
à Lyon, soussignés,

Représentent très humblement à votre majesté :

« Que lorsqu'il fut question de parvenir au réglement fait en
l'année 1737, les suppliants firent des représentations au sujet de
plusieurs articles qui furent décidés par le conseil, les uns conformément à leur mémoire, et les autres d'une manière entièrement opposée.

« Lors du dernier réglement concernant leur fabrique, qui a
été fait l'année présente 1744, les suppliants en usèrent de
même, et n'ayant pas assez examiné la matière, ils deman-
dèrent plusieurs choses qui leur ont paru depuis très préjudiciables au bien de la manufacture; et après avoir bien discuté
tous les articles du nouveau réglement, ils ont trouvé que les
marchands qui font travailler des métiers chez eux avaient
de justes sujets de se plaindre de plusieurs dispositions conte-
nues dans ces nouveaux réglements, et que celui de 1737 con-
venait mieux à l'intérêt général de la communauté, et à celui
des membres qui le composent, que celui de la présente année,
ce qui les engage d'adhérer aux vœux des maîtres travaillant
pour leur compte, et de ceux qui ne travaillent qu'à façon;
c'est pourquoi ils recourent à VOTRE MAJESTÉ et à NOSSEIGNEURS
de son conseil ;

« A CE QU'IL PLAISE A VOTRE MAJESTÉ, en confirmant l'ordonnance rendue par les sieurs prevost des marchands et échevins
de cette ville, juges de police des arts et métiers de Lyon, le 6 de
ce mois d'aoust ; et celle de M. Pallu, commissaire, départi par
VOTRE MAJESTÉ dans ces provinces, ordonner qu'elles seront exé-
cutées selon leur forme et teneur : ce faisant, que les réglements
de 1737 seront observés de point en point, comme si le réglement de 1744, n'étoit pas intervenu, et ordonner qu'il demeurera sans effet et sans exécution : et les supliants continueront
leurs vœux et leurs prières pour la santé et prospérité de VOTRE
MAJESTÉ.

---

(1) *Lyon, imp. d'Aimé de la Roche*, 1744, in-fol.

« Acte de la remise présentement faite au bureau du secrétariat du consulat, de la requête ci-dessus, et à la réquisition des marchands fabricants, qui l'ont signé, ordonné qu'elle sera imprimée et affichée partout où besoin sera.

« Fait au consulat, le 8 aoust 1744. »

Signé, CLARET DE LA TOURETTE.

De par messieurs les prévost des marchands et échevins de Lyon (1).

« Sur ce qui a été représenté au consulat par les crocheteurs des différents ports de cette ville, à ce qu'il nous plût révoquer l'ordonnance qui a cassé les bandes de crocheteurs établies pour les déchargements des menues denrées dans les différents points de cette ville ; ET VEU les certificats des principaux bourgeois, contenant que l'exactitude et la fidélité avec lesquels lesdits crocheteurs avoient toujours travaillé au chargement et déchargement de leurs denrees, leur faisoit souhaiter le rétablissement de leurs bandes,

« LE CONSULAT a ordonné et ordonne, que, sans avoir égard à l'ordonnance du 16 février 1741, qui demeure révoquée et comme non avenue, les bandes des crocheteurs de tous les différents ports de cette ville, sont et demeurent rétablies pour travailler, par ceux qui les composent, de la même manière et avec les mêmes priviléges qu'ils faisoient avant ladite ordonnance. FAIT DÉFENSES, en conséquence, à tous marchands de se servir de gens sans aveu, à peine de vingt livres d'amende ; et sous la même peine, à tous autres qu'auxdits crocheteurs, de travailler sur les ports de cette ville à porter le bled et rouler le vin qui s'y déchargent, sans néanmoins déroger au privilége des bourgeois, de pouvoir faire décharger leurs denrées par leurs domestiques, ainsi qu'il a été pratiqué. Et sera la présente ordonnance, lue, publiée et affichée dans tous les endroits accoutumés.

« Fait au consulat le 8 aoust 1744.

« *Signés* CLARET DE LA TOURETTE, VALFRAY, BARBIER, GILLET, MONLONG. »

Voici un arrêt du conseil d'Etat qui fait justice de toutes les ordonnances qui avaient été arrachées à la faiblesse des magistrats inférieurs :

---

(1) A *Lyon, imp. d'Aimé de la Roche*, 1744, in-fol.

ARREST DU CONSEIL D'ÉTAT DU ROI ,

Du 25 février 1745 (1).

Le roi étant informé qu'à l'occasion des troubles et de la sédition excitée à Lyon au mois d'aoust dernier , par les ouvriers
et compagnons en étoffe de soye, les maîtres-gardes de la communauté des fabriquants de bas de soye de ladite ville, ceux des
teinturiers et ceux des charpentiers profitant de ces moments
de désordre et de tumulte , se seroient pourvus au consulat et
en auroient extorqué les 7, 8, et 10 du même mois, des ordonnances contraires à l'autorité de Sa Majesté : qu'à leur exemple
les crocheteurs et gens de peine des différents ports de la ville
auraient aussi exigé ledit jour 8 aoust une ordonnance du consulat, portant révocation de celle du 16 février 1741, dont l'objet était d'empêcher leur monopole ;
Sa Majesté voulant réprimer des entreprises aussi téméraires;
Vu lesdites ordonnances susdatées ; Ouï le rapport du sieur
Orry, conseiller ordinaire et au conseil royal, contrerolleur général des finances ; Le roi étant en son conseil , a cassé et annulé
lesdites ordonnances du consulat de Lyon, des 7 , 8 et 10 aoust
1744 et dont est question ; en conséquence ordonne que l'arrèt
de son conseil du 18 juin 1743 , rendu contradictoirement, entre
les fabriquants de bas et les sieurs Pascal, Maximien, Mollet et
Reynier, et Moulin, qui ont dû être reçus maîtres dans la communauté desdits fabriquants de bas en vertu du dict arrest sera
exécuté selon sa forme et teneur, nonobstant tous actes contraires, qui seront et demeureront nuls et de nul effet.
Ordonne en outre Sa Majesté que l'ordonnance du consulat de
Lyon du 16 février 1741 (2), concernant les crocheteurs et gens
de peine des différents ports de ladite ville , et celle du 10 juin
1744 concernant les teinturiers , auront leur pleine et entière
exécution.

---

(1) *A Lyon de l'imp. de P. Vaflray*, 1745, in-4° de 3 p.
(2) « Le consulat, par cette ordonnance, cassa et supprima les
établissements des bandes de crocheteurs, pour travailler, pri-
vativement à tous autres, sur les ports et quays de cette ville, et
laissa au public la liberté de faire décharger toutes sortes de
denrées et provisions, à l'exception du charbon, par leurs ser-
viteurs et domestiques , et autres personnes qu'ils voudroient
choisir, ce qui avoit été exécuté jusqu'au mois d'aoust 1744, que
les crocheteurs profitant de l'émotion excitée en cette ville, obli-
gèrent par des voyes illicites MM. les prévost des marchands et
échevins de rendre une ordonnance le 8 aoust qui révoquoit
celle du 16 février 1741 , dont l'objet étoit d'empêcher leur monopole. »
Ordonnance du consulat du 28 mars 1745. Signó, Rivérieulx
de Varax, Gillet, Monlong , Massarat, Pannier. Lyon, A. de
la Roche, imp. 1745, in-4°, p. 1.

Déclare Sa Majesté les maîtres-gardes des fabriquants de bas, des teinturiers et des charpentiers, qui ont signé les requêtes sur lesquelles sont intervenues lesdites ordonnances du consulat des 7, 8 et 10 aoust 1744, déchus de la qualité de maîtres-gardes et même de la maîtrise, et les condamne personnellement chacun en mille livres d'amende ; et sera le présent arrest lu, publié et affiché partout où besoin sera et sur icelui toutes lettres nécessaires seront expédiées.

Fait au conseil d'Etat du roi, Sa Majesté y étant, tenu à Versailles le 25 février 1745. *Signé*, LOUIS, *et plus bas*, par le roi, DE VOYER. »

Arrêt du conseil d'Etat du roi du 25 février 1745 (1).

« Le roi ayant jugé à propos de faire examiner de nouveau en son conseil les représentations qui ont donné lieu à l'arrêt rendu en son conseil d'Etat, le 10 aoust dernier par lequel, S. M. auroit ordonné que le réglement du 1er octobre 1737, concernant la fabrique des étoffes, et la communauté des fabricants de Lyon, continueroit d'être exécuté comme il l'étoit avant celui du 19 juin 1744 qui seroit regardé comme non-avenu, S. M. auroit reconnu que ces représentations étoient pour la plupart mal fondées, et ne pouvoient être regardées que comme l'effet de la cabale et une suite de la sédition excitée alors dans ladite ville de Lyon, par des ouvriers de ladite fabrique, et par d'autres particuliers mal intentionnés.

« S. M. étant d'ailleurs informée que sans se borner à ces représentations, ces mêmes ouvriers auroient encore, par leur nombre et par la crainte d'un plus grand désordre, forcé les prévost des marchands et échevins de ladite ville à rendre les 4, 6 et 8 du mois d'août des ordonnances contraires à son autorité, et voulant faire connaître ses intentions sur des démarches aussi téméraires, et rétablir dans ladite communauté l'ordre et la règle nécessaire pour l'avantage du plus grand nombre des maîtres-ouvriers qui la composent et qui n'ont eu aucune part aux troubles excités par quelques-uns de leurs confrères:

« Vu l'arrêt du conseil dudit jour 10 août dernier et lesdites ordonnances susdatées ; ouï le rapport du sieur Orry, contrôleur général des finances, conseiller d'Etat ordinaire et au conseil royal : le roi étant en son conseil, en révoquant l'arrêt de son conseil du 10 août, a cassé et annulé les ordonnances du consulat de Lyon des 4, 6 et 8 du même mois d'aoust, ce faisant, ordonne que le réglement du 19 juin précédent pour la fabrique des étoffes sera exécuté selon sa forme et teneur, en conséquence qu'il sera incessamment et sans aucun délai procédé à l'élection des maîtres-gardes et des adjoints en la forme et manière prescrite par les articles I, II et III du titre deux dudit réglement, et ce, nonobstant l'élection qui pourroit avoir été faite précédemment, en conformité de celui de 1737, laquelle sera et demeurera nulle et comme non-avenue.

____

(1) *A Lyon, de l'imp. de P. Valfray*, 1745, in-4° de quatre pages.

« Veut néanmoins S. M. que jusqu'à ce qu'il en ait été par elle autrement ordonné les marchands fabricants pour leur compte, appelés communément petits marchands, ou petits fabricants, puissent avoir chez eux et continuer de faire travailler chacun quatre métiers, et faire des apprentifs, et que ceux des maîtres-ouvriers à façon qui voudront dans la suite parvenir à la qualité de marchands, paient, au lieu des droits fixés par le nouveau réglement, la somme de trois cents livres, et les fils de maîtres-ouvriers deux cents livres, conformément aux dispositions de l'arrêt du conseil et lettres-patentes des 1er et 31 octobre 1712, dérogeant pour cet effet aux articles IV, VI, VII et VIII du titre sept, et autres articles dudit réglement du 19 juin 1744, en ce qui peut être contraire au présent arrêt.

« Veut aussi S. M. que ceux desdits marchands fabricants, et ceux faisant fabriquer pour leur compte, qui ayant été reçus marchands depuis ledit réglement de 1737 n'ont payé aucuns droits pour passer de l'état de maîtres ouvriers à celui de maître marchand, soient tenus de payer chacun ladite somme de trois cents livres, ou de deux cents livres s'ils sont fils de maîtres, et ce, dans le délai de trois mois, et en observant par rapport à leur enregistrement au bureau de la communauté, les formalités prescrites par lesdits articles VI et VII, du titre sept dudit réglement de 1744, le tout sous les peines y portées, et sera le présent arrêt lu, publié et affiché partout où besoin sera, et enregistré sur les livres du bureau de ladite communauté, et pour son exécution seront toutes lettres nécessaires expédiées. Car tel est notre plaisir.

Fait au conseil d'Etat du roi, S. M. y étant, tenu à Versailles, le 25 février 1745.

Signé, LOUIS, et plus bas DE VOGER.

Voici une ordonnance qui défend aux ouvriers de se réunir plus de quatre dans un café ou dans un cabaret.

DE PAR LE ROY.

ORDONNANCE *de François, comte de Gelas, Voisins, vicomte de Lautrec, baron de Capendu, seigneur de Rochette et Lizardière, etc., chevalier des ordres du roy, lieutenant général de ses armées et de la province de Guyenne, inspecteur général d'infanterie, commandant en chef pour sa majesté dans les provinces de Lyonnois, Forest et Beaujolois et ville de Lyon. (1)*

« Sur ce qui nous a été représenté, que les derniers troubles ont pris leur source et leur origine dans les cabarets, tavernes, caffés et lieux de jeux publics, où les ouvriers s'assembloient et tenoient des discours séditieux ;

---

(1) *A Lyon, de l'imp. de P. Valfray*, 1745, in-4° de 2 p. ou in-fol. affiche.

A ces causes, deffendons à tous artisans et gens vivant du travail de leurs mains, de s'assembler en plus grand nombre que celui de quatre dans les cabarets, caffés et jeux publics, soit de la ville, soit des fauxbourgs, sous peine de prison pour la première fois, et de punition corporelle en cas de récidive.

Faisons très expresses deffenses à tous cabaretiers, caffetiers et gens tenant lesdits jeux publics, de recevoir chez eux lesdits artisans en plus grand nombre que celui de quatre, leur ordonnant de nous avertir sur le champ des assemblées qui se feroient chez eux en préjudice de notre ordonnance, et des discours séditieux qui pourroient s'y tenir, le tout à peine contre lesdits cabaretiers, caffetiers et gens tenant lesdits jeux publics, d'une amende de 100 livres pour la première fois et de punition corporelle en cas de récidive.

Enjoignons aux officiers de quartiers, de tenir la main à l'exécution de la présente ordonnance, qui sera lue, publiée et affichée aux carrefours, places publiques et autres lieux accoutumés de cette ville ; à ce que personne n'en ignore.

Fait à Lyon en notre hôtel, le 8 mars 1745.

Signé, Lautrec.

Les punitions furent d'une effrayante sévérité, comme on le verra par le jugement suivant qui condamne le crocheteur *Jaquet* à se rendre nu en chemise devant le péristyle du palais et la principale porte de l'Hôtel-de-Ville, d'y faire amende honorable, puis à être appliqué à la question ordinaire et extraordinaire pour révéler ses complices, enfin à être pendu et étranglé jusqu'à ce que mort s'en suive à une potence établie sur la place des Terreaux.

Jugement des ouvriers séditieux du mois d'aoust 1744.

Extrait des registres de la cour des Monnoyes de Lyon (1).

« Veu par la cour, les lettres-patentes de S. M., du 25 février dernier, à elle adressée pour instruire et faire le procès aux auteurs des séditions, excès, violences et voyes de fait arrivés en cette ville au mois d'aoust dernier, leurs complices, fauteurs, participes et adhérents de la dite sédition, circonstances et dépendances, et les juger souverainement et en dernier ressort, suivant la rigueur des ordonnances, comme des séditieux et perturbateurs du repos public, et la procédure extraordinaire poursuivie en exécution des lettres-patentes à la requête du procureur général du roi, demandeur et accusateur, contre

---

(1) *A Lyon, imprimerie de P. Valfray fils, 1745, in-4º de 3 p.*

Etienne Marichauder, François Exartier, Fleury Parra, François Prost, ouvriers en soye, *Gaspard Jaquet,* crocheteur à Lyon, accusés prisonniers.

« Conclusions définitives dudit procureur général : Ooï le rapport de Mᵉ Antoine-François de Régnauld, doyen des conseillers, et après que lesdits *Marichauder* et *Jaquet* ont été ouïs et interrogés sur la sellette et lesdits *Parra, Exartier* et *Prost,* derrière le barreau.

« La cour a ordonné et ordonne que, pour réparation des cas mentionnés au procès, ledit *Gaspard Jaquet* est condamné à faire amende honorable nud, en chemise, tenant à la main une torche ardente du poids de deux livres, ayant un écriteau où seront écrits ces mots : CROCHETEUR SÉDITIEUX, au-devant de la principale porte du palais et au-devant de la principale porte de l'Hôtel-de-Ville, et là, étant nud-tête et à genoux, déclarera que, témérairement et méchamment, il a été un des principaux auteurs de la sédition excitée le 8 aoust dernier en cette ville par les crocheteurs, dont il se repent, en demande pardon à Dieu, au roi et à la justice; ce fait, être ledit *Jaquet* pendu et étranglé jusqu'à ce que mort s'en suive, par l'exécuteur de la haute justice, à une potence qui sera à cet effet dans la place publique des Terreaux de cette ville, ledit *Jaquet* préalablement appliqué à la question ordinaire et extraordinaire pour avoir révélation de ses complices, et condamné en outre en l'amende de 50 livres envers le roi, et sera sursis au jugement desdits *Marichauder, Exartier, Parra* et *Prost,* jusqu'après l'exécution dudit *Jaquet.*

Fait à Lyon en la cour des Monnoyes le 27 mars 1745.

« *Le même jour, le présent arrêt a été par moi. Alexandre Labory, greffier plumitif de ladite cour, prononcé audit Gaspard Jaquet, lequel a fait amende honorable et a été ensuite exécuté sur la place des Terreaux de cette ville. Signé* LABORY.

Voici maintenant les jugements de Marichauder, Exartier, Parra, Prost et autres :

« ET DEPUIS, vu le procès-verbal de torture dudit *Jaquet,* du 27 de ce mois, et la continuation de ladite procédure, les conclusions dudit rapport du procureur général du roi, et ouï le rapport de Mᵉ Antoine-François de Régnauld, doyen des conseillers, commissaire rapporteur du procès, après que les accusés ont été ouïs aux interrogatoires de la chambre du conseil, savoir : *Marichauder,* sur la sellette, et lesdits *Exartier, Parra, Prost* derrière le barreau;

« LA COUR a ordonné et ordonne, que, pour réparation des cas mentionnés au procès, ledit *Etienne Marichauder* est condamné à faire amende honorable nud en chemise, tenant à la main une torche ardente du poids de deux livres, ayant un écriteau où seront écris ces mots, (OUVRIER EN SOYE SÉDITIEUX) au-devant de la principale porte du palais, et au-devant de la principale porte de l'Hôtel-de-Ville, et là, étant nud-tête et à genoux, déclarera

que, témérairement et méchamment , il a été un de ceux qui
ont le plus contribué à fomenter et à entretenir la sédition excitée en cette ville dans le mois d'aoust dernier et qui se sont
révoltés contre les ordres du roi, dont il se repent, en demande
pardon à Dieu, au roi et à la justice ; ce fait être ledit *Marichauder* pendu et étranglé jusqu'à ce que mort s'en suive par l'exécuteur de la haute justice à une potence qui sera à cet effet
dressée dans la place publique des Terreaux de cette ville, ledit
Marichauder préalablement appliqué à la question ordinaire et
extraordinaire pour avoir révélation de ses complices , et condamné en l'amende de 50 livres envers le roi, et sursis au jugement desdits *Exartier*, *Parra* et *Prost* jusques après l'exécution
dudit *Marichauder*.

Lyon , le 30 mars 1745.

« *Le présent arrêt a été par moi Alexandre Labory, greffier plumitif de ladite cour , prononcé audit Marichauder , lequel a fait
l'amende honorable et a été exécuté le même jour en la place des
Terreaux de ladite ville.* Signé LABORY.

« ET DEPUIS, vu le procès-verbal de torture dudit Marichauder, du trente de ce mois, les conclusions du procureur général,
ouï le rapport de Mᵉ Antoine--François Régnauld , conseiller
commissaire rapporteur, après que lesdits *Exartier* et *Parra* ont
été interrogés sur la sellette et ledit Prost derrière le barreau.

« LA COUR a ordonné et ordonne, que, pour réparation des cas
résultants du procès, lesdits *François Exartier* et *Fleuri Parra*,
sont condamnés à servir de forçats dans les galères du roi ,
savoir ledit *Exartier* à perpétuité et ledit *Parra* pendant neuf
ans , avec défenses de désemparer sur peine de la vie, lesdits
Exartier et *Parra* préalablement mis et attachés au carcan par
l'exécuteur de la haute justice dans la place publique des Terreaux de cette ville un jour de marché, pour y rester l'espace de
trois heures, ayant chacun un écriteau devant et derrière, contenant ces mots : OUVRIERS EN SOYE, SÉDITIEUX, et ensuite marqués
d'un fer chaud des trois lettres G. A. L. Ordonné qu'il en sera
plus amplement informé contre ledit *Prost* pendant trois mois,
durant lequel temps tiendra prison.

Fait à Lyon en la cour des Monnoyes, le 1ᵉʳ avril 1745. Collationné, LABORY.

Signé : TEISSIER.

Extrait des registres de la cour des Monnoyes de Lyon. (1)

« Veu par la cour la procédure extraordinaire poursuivie à la
requête du procureur-général du roy, en exécution des lettres-
patentes du 25 février dernier , enregistrées en ladite cour le
11 mars suivant, contre *Jean-Pierre Masson, Barthélemi Gaud*,
ouvriers en soye, *Jean Cuny, dit Quinton* et *Claude Soubry*, crocheteurs , accusés de séditions, excès et violences publiques ,
prisonniers , etc. Conclusions dudit procureur-général , ouï le

---

(1) *A Lyon, imprimerie de P. Valfray*, 1745, in-4° de 2 p.

rapport de Me Antoine-François de Régnauld, doyen des conseillers, et après que lesdits *Masson* et *Gaud* ont été ouïs et interrogés sur la sellette et lesdits *Quinton* et *Soubry*, derrière le barreau ;

« LA COUR a ordonné et ordonne que, pour les cas résultants du procès, ledit *Jean-Pierre Masson* est condamné à servir le roi dans ses galères comme forçat à perpétuité, préalablement mis et attaché à un carcan par l'exécuteur de la haute justice dans la place publique des Terreaux de cette ville, un jour de marché, pour y rester l'espace de trois heures, ayant un écriteau devant et derrière contenant ces mots : OUVRIER EN SOYE, SÉDITIEUX; et ensuite marqué des trois lettres G. A. L.; a condamné et condamne ledit *Barthélemi Gaud* à servir pareillement dans les galères du roi en qualité de forçat pendant cinq ans, aussi préalablement marqué des trois lettres G. A. L. avec défense tant au dit *Masson* qu'au dit *Gaud* de désemparer lesdites galères sur peine de la vie.

« Ordonne en outre qu'il en sera plus amplement informé tant contre ledit *Jean Cuny*, dit *Quinton*, que contre ledit *Claude Soubry* : sçavoir, contre ledit *Quinton* pendant six mois, durant lequel temps tiendra prison, et contre ledit *Soubry* pendant trois mois et cependant élargi. »

Fait à Lyon en la cour des Monnoyes, le 7 avril 1745. Collationné, LABORY.

Ici l'ère de la clémence va s'ouvrir ; mais le pardon ne s'applique à aucun des coupables connus. Il ne parait avoir d'autre objet que de mettre un terme aux poursuites que l'on allait continuer contre des prévenus qui n'avaient pris qu'une part fort indirecte aux mouvements qui avaient eu lieu.

LETTRES-PATENTES DU ROI, PORTANT AMNISTIE AU SUJET DE LA SÉDITION EXCITÉE A LYON AU MOIS D'AOUT DERNIER,

Données à Versailles, le 1er avril 1745 (1).

« Louis, par la grâce de Dieu, roi de France et de Navarre, à nos amés et féaux les gens tenant notre cour des Monnoyes, sénéchaussée et siége presidial de Lyon, salut. Nous avons commis par nos lettres-patentes du 25 février dernier, pour instruire et faire le procès aux auteurs de la sédition excitée à Lyon au mois d'août dernier par aucuns des ouvriers, compagnons et fils de maîtres de la communauté des fabricants en étoffes d'or, d'argent et de soie, et par d'autres particuliers habitants de ladite ville de Lyon, de même que des excès, violences et voies de fait qui ont été commis depuis ladite sédition, et auxquels quelques-uns d'entre eux se portoient encore journellement, et pour les juger

---

(1) *A Lyon, de l'imp. de P. Valfray*, 1745, in-4° de 4 p.

souverainement et en dernier ressort, ensemble leurs complices, participes, fauteurs et adhérents :

Nous avons en même temps pourvu, par deux arrêts de notre conseil du même jour, et par les ordres particuliers dont nous avons chargé le sieur comte de Lautrec, lieutenant-général de nos armées, que nous avons nommé pour commander en ladite ville et généralité de Lyon, à tout ce qui nous a paru nécessaire pour le maintien de notre autorité, le bien de notre service, et pour assurer la tranquillité de nos sujets habitants de ladite ville, qui, par ses fabriques et son commerce, dont nous connaissons l'importance, mérite nos soins et notre protection ;

Et comme nous sommes informés qu'en conséquence de nos dites lettres-patentes et après une instruction régulière, quelques-uns de ceux qui ont été accusés, ont été condamnés par notre dite cour à différentes peines, et que d'ailleurs nous sommes persuadés que non-seulement les principaux habitants et bons bourgeois de notre ville de Lyon, mais encore la meilleure partie des ouvriers et artisans n'ont point eu de part à ladite sédition et auxdits excès, violences et voies de fait commis depuis, nous nous sommes volontiers déterminés à recevoir favorablement les représentations qui viennent de nous être faites par nos chers et bien-amés les prévost des marchands et échevins de ladite ville, et à donner des preuves de notre clémence, en faisant cesser la continuation des poursuites qui pourroient être faites à cette occasion :

A CES CAUSES et autres à ce nous mouvant, de notre grâce spéciale, et de notre certaine science, pleine puissance et autorité royale, nous avons, par ces présentes signées de notre main, dit, déclaré et ordonné, disons, déclarons et ordonnons, voulons et nous plaît : qu'à la réserve des nommés *François Exartier* et *Fleury Parra*, déjà exceptés par nos lettres du 1er avril dernier, de *Jean-Pierre Masson*, et *Barthélemi Gaud*, tous quatre prisonniers et condamnés aux galères perpétuelles ou à temps, comme aussi des contumax ci-après nommés ; sçavoir, *Maujean*, condamné à mort ; *Jeance*, *François Pétrot*, *Gonin*, *Colo*, dit *Duchesne*, et *Vercien*, condamnés aux galères perpétuelles ou à temps, de même que de ceux des accusés, soit prisonniers ou contumax, à l'égard desquels il a été ordonné qu'il seroit plus amplement informé, quelques-uns d'entr'eux tenant prison ;

« Tous les autres habitants de notre ville de Lyon, ouvriers en soye, ou autres, sans exception, jouissent de l'effet du contenu en nos dites lettres d'amnistie, du 1er avril dernier, pleinement et paisiblement, sans qu'aucun d'eux puissent à l'avenir être recherchés ni inquiétés pour raison des faits mentionnés aux dites lettres, dont ils sont et demeureront déchargés, comme nous les en déchargeons de nouveau, en tant que de besoin, imposant, sur ce, silence perpétuel à notre procureur général en notre dite cour, ses substituts et à tous autres. Si nous mandons que ces présentes vous ayez à faire lire, publier et registrer, et le contenu en icelles garder, observer et exécuter selon leur forme et teneur, sans y contrevenir, ni permettre qu'il y soit contrevenu, dérogeant pour cet effet, en tant que besoin seroit, à nos dites lettres du 1er avril et à toutes choses contraires aux présentes. Car tel est notre bon plaisir. »

Donné au camp devant Tournai, le 22 mai 1745, et de notre règne le 30me.

Signé Louis. »

La lettre-patente qui suit a paru nécessaire pour compléter les effets de l'amnistie.

LETTRES-PATENTES DU ROI, PORTANT AMNISTIE GÉNÉRALE AU SUJET DE LA SÉDITION EXCITÉE A LYON AU MOIS D'AOUT DERNIER,

Données au camp devant Tournai, le 22 mai 1745 (1).

« Louis, par la grâce de Dieu, roy de France et de Navarre, à nos amés et féaux conseillers les gens tenant notre cour des Monnoyes, sénéchaussée et siége présidial de Lyon, salut.

« Par nos lettres d'amnistie données le 1er avril en faveur des habitants de la ville de Lyon et registrées en notre dite cour le 9 du même mois, à l'occasion de la sédition excitée dans ladite ville au mois d'aoust de l'année passée, et des troubles qui y sont survenus depuis;

« Nous avons excepté de la dite amnistie tous les accusés, soit prisonniers ou contumax y dénommés, que tous autres particu liers, qui par les preuves pourraient être alors ou seraient par la suite acquises au procès, se trouveraient avoir été les principaux auteurs de la sédition; mais nous sommes informés que le motif de cette exception a cessé par les jugements postérieurs que vous avez rendus après toutes les instructions requises par les ordonnances, tant contre les accusés qui étaient dans vos prisons, que contre ceux qui étaient absents et contumax, et que vous avez condamnés en différentes peines, sans que pendant le cours desdites instructions, il soit survenu de nouvelles charges contre d'autres.

« Nous avons donc cru en cet état, que, pour rétablir entièrement le calme et la tranquillité dans notre ville de Lyon et faire cesser la crainte et l'inquiétude que les exceptions portées par nos lettres d'amnistie pourraient entretenir dans les esprits, il convenoit de ne pas les laisser subsister plus longtemps et de donner une nouvelle preuve de notre clémence, en expliquant plus précisément nos intentions sur l'exécution de nos dites du 1er avril dernier.

A CES CAUSES, et autres à ce nous mouvant, de notre grâce spéciale et de notre certaine science, pleine puissance et autorité

____

(1) *A Lyon, de l'imprimerie de Valfray, imp. du roi.* 1745. — *in-4° de trois pages.*

2

royale, nous avons, par ces présentes signées de notre main,
dit, déclaré et ordonné, disons, déclarons et ordonnons, voulons
et nous plaît qu'à l'exception des nommés Exartier, Parra et
Prost, accusés et prisonniers, et des nommés Maujean, Jaence,
Duchesne, Chantre, Gaindran et Petrot, accusés et contumax,
comme aussi de ceux qui, par les preuves qui sont ou seront
acquises au procès se trouveront avoir été les principaux auteurs de la sédition excitée à Lyon au mois d'aoust dernier, les
autres habitants de ladite ville soient et demeurent déchargés,
comme nous les déchargeons, de toutes poursuites et recherches pour raison de ce qui s'est passé en ladite ville lors et pendant le temps de ladite sédition, même depuis et jusqu'au jour
de la publication des présentes, voulant que ce qui peut avoir été
commis, dit ou fait par aucuns desdits habitants, excepté ceux
désignés ci-dessus, sur et à l'occasion de ladite sédition et
des excès, violences et voies de fait, commis depuis, circonstances et dépendances, soit et demeure éteint, supprimé et
aboli, comme nous l'éteignons, supprimons et abolissons, de
même que si le tout était ici spécifié, sans qu'à l'avenir ils en
puissent être inquiétés ni recherchés, leur en accordant pleine
et entière amnistie, à l'effet de quoi mettons au néant toutes
poursuites, décrets et autres procédures qui auraient été faites
contre aucuns desdits habitants, autres que ceux ci-dessus exceptés, imposant, sur ce, silence perpétuel à notre procureur général en notre dite cour, ses substituts et à tous autres. Si, vous
mandons que ces présentes, nos lettres d'amnistie vous ayez à
faire lire, publier et registrer, et du contenu en icelles faire
jouir et user tous lesdits habitants de Lyon, pleinement et paisiblement, sans permettre qu'il leur soit à cet égard donné aucun trouble ni empêchement, sauf néanmoins les exceptions
portées.

« Donné à Versailles le 1er avril 1745, et de notre règne le
30me.

Signé Louis.

Nous terminons la publication des documents qui pré-
cèdent par une pièce d'un tout autre caractère et qui
donnera une idée de l'esprit du temps dans les rangs inférieurs de la société, comme on l'a vu dans les régions
judiciaires, par les actes de coupable faiblesse et d'effrayante sévérité que nous avons successivement cités.
Il s'agit en ce moment d'une simple chansonnette qui a
eu une immense vogue populaire pendant toute la durée
du séjour de Vaucanson à Lyon.

La voici littéralement, même avec ses deux titres,
ainsi que nous l'avons trouvée à son état de manuscrit :

CHANSON DES OUVRIERS EN SOYE DE LYON, AVANT L'ARRIVÉE DU Sʳ DE LAUTREC.

Chanson des taffetatiers, lors de leur révolte sous Monsieur Claret (1), prévost des marchands.

A-tu ren vû passa per yquy?
Lo posu de papy,
Que môt de grands pancardes (2),
Den tôt los carreforts,
Ce sont nos maitres-gardes,
Que ne joïont le tort.

---

(1) Jacques-Annibal Claret, chevalier, seigneur de la Tourette, conseiller du roi, président en la cour des Monnaies, lieutenant général criminel en la sénéchaussée et présidial de Lyon, prévost des marchands de 1740 à 1745. *Armorial de Messieurs les prévosts des marchands*, par Pierre-François Chaussonet, *armorialiste de la ville*, in-folio manuscrit.

(2) Voici cette pancarte, telle qu'elle fut publiée et affichée dans toute la ville et les fauxbourgs :

De par le roy et monsieur le prévost des marchands et commandant à Lyon. (*)

Sur ce que nous avons été informé qu'au préjudice des ordonnances qui défendent les attroupements, des gens mal intentionnés se sont tumultueusement assemblés en cette ville, et après être allés dans les fauxbourgs, sont rentrés de la même manière, et étant important de remédier à un pareil abus,

Nous défendons très expressément, toutes assemblées ou attroupements suspects dans les places publiques, dans les rues, carrefours, maisons ou autres endroits particuliers de cette ville, à peine, contre les personnes de tout âge et de tout sexe, trouvées en contravention, d'être arrêtées, pour leur procès leur être militairement fait et parfait suivant la rigueur des ordonnances.

Enjoignons aux officiers Penons de tenir la main à l'exécution de la présente ordonnance, chacun dans leur quartier, après la publication qui en sera faite, et d'arrêter sur le champ les personnes qui y contreviendront, à peine d'en répondre en leur propre et privé nom. Fait à Lyon, ce 4 août 1744.

Signé, Claret de la Tourette.

(*) *Lyon, imprimerie d'Aimé de la Roche.* 1744, in-fol.

Va lire dens los coins ,
Groû Baboin ,
Va lire dens los coins ,
Los biaux arrêts de merda
Que faut faire cassa .
Donnons not bien de garda
De los laissy passa.

Y n'en arant menty
Par depit ,
Y n'en arant menty,
Corrons tertous en lice
Chez noutront commandant ,
Que fait bonna justice
U petits , comme û grands.

Un certain Vocanson
Grand garçon ,
Un certain Vocanson ,
A reçu una patta ,
De los maitres marchands ;
Gara , gara la gratta
S'y tombe entre nos mans.

Y fait chia los canards (1),
Loû canards ,
Y fait chia los canards
Et la marionnetta (2) ,
Lo plaisant Joquinet ,
Si sort ses braïes-netta ,
Qu'on me le cope net.

Allons chez Montessuy,
Ujord'hui ,
Allons chez Montessuy :
Ma fay sy nos échappe ,
Lo hogre sera fin ,
Lo faut mettre en éclappe ,
Faisons-en puttafin.

---

(1) Les deux canards exécutés par Vocanson barbotaient ,
allaient chercher le grain dans une auge, le saisissaient, l'ava-
laient et lui faisaient subir une espèce de trituration simulant
ainsi une espèce de digestion animale.

(2) Il est sans doute question ici de l'automate exécuté par cet
habile mécanicien , et qui jouait à la fois du tambourin et du
galoubet, ainsi que de celui qui jouait de la flûte.

Il a un groû groin long,
Rataplon,
Percia de petits plombs;
Ha ! y est un vilain traître,
Qu'a fait los plus groûs mas ;
Si toû qui va paraître,
Y faudra l'assomma.

Il a ficha lo camp,
Rataplan,
Il a ficha lo camp :
Prions Dieu par fortuna,
Que quoque bon gaillard,
Venne trouva sa fuma
Per lo faire cornard.

Je faisons carrillon
Den Lyon,
Je faisons carrillon :
Tot ce que no fait rire,
Los magistrats sont fous,
Y n'ozons ren no dire
Je los fans chia de pou.

Si le patois de cette chanson nous permettait de nous arrêter à son orthographe, le nom de Vaucanson, écrit Vocanson, serait une preuve nouvelle en faveur de l'opinion de M. Pilot, publiée dans l'Album du département de l'Isère, 1re année, 1835-1836. Cet écrivain a cru reconnaître et devoir rectifier une erreur sur l'orthographe du nom de Vaucanson. Son opinion est basée sur un acte de naissance du 25 février 1709 et sur deux lettres des 19 et 20 août 1735 ; ces trois pièces portent écrit par O au lieu d'un A, le nom de Vaucanson; mais cet acte de naissance, et surtout ces deux lettres n'indiquent pas d'une manière indubitable que ces trois documents sont relatifs à Vaucanson. Vaucanson a-t-il défiguré son nom de famille, nous l'ignorons ; mais ce que nous pouvons affirmer, et ce que rend positif la lettre de Vaucanson, du 17 mai 1753, dont nous donnons copie ci-après, c'est que cette pièce, signée Vaucanson, nous semble être une preuve incontestable que le nom de l'illustre mécanicien doit être ainsi transmis à la postérité.

Lettre du 17 mai 1753.

« Monsieur.

« J'ai fait partir le 9 de ce mois, par ordre de monseigneur le garde des sceaux, la machine à écraser l'or et l'argent des étoffes, à laquelle j'avois eu ordre de travailler pour servir à la fabrique de Lyon. Cette machine est contenue en douze caisses dont cinq sont emballées. Elle doit arriver à Lyon à votre adresse le 24 du présent. J'espère que vous aurez bien voulu, d'après la lettre que vous avez reçue de M. Trudaine, faire préparer un endroit pour la monter et je pense que vous n'aurez pas choisi le bureau de la communauté. Je compte arriver à Lyon aussitôt que la machine pour la faire déballer, remonter et être présent aux premières épreuves qui en seront faites tout aussitôt en votre présence et devant ceux que vous jugerez à propos d'y appeler. M. Trudaine m'a dit qu'il avait eu l'honneur de vous écrire il y a trois semaines pour vous prier de faire tenir prêtes les étoffes que vous avez en vue d'essayer, afin que mon séjour à Lyon soit le plus court que faire se pourra. Je serai charmé, monsieur, dans le peu de temps que j'y serai de vous témoigner tous les sentiments de considération et d'attachement avec lesquels je suis, monsieur, votre très-humble et très-obéissant serviteur.

VAUCANSON.

« Paris, le 17 mai 1753. »

Fac-simile de l'écriture de Vaucanson.

Je seros charmé Monsieur dans le peu de tems
que j'y serai de vous témoigner tous les sentimens
de considération et d'attachement avec lesquels je suis

Monsieur

Paris le 17 mai 1753

Votre très humble et très
obéissant serviteur
Vaucanson

Ouvrages qui se trouvent chez M. Rivoire, libraire, à Lyon, place Montazet.

Séjours de Charles VIII et Loys XII à Lyon sur le Rosne. Publiés par P. M. Gonon, jouxte la copie des Faictz, Gestes et Victoires des Roys Charles VIII et Loys XII. *Lyon, imp. de Charvin et Nigon*, 1841, in-8. 2 fac-simile.   3 f.

Séjours de Charles VIII a Romme, 1493-1494. publiés par P. M. G. Lyon 1842, in-8.   1 f. 25 c.

La très curieuse et chevaleresque hystoire de la conqueste de Naples par Charles VIII. Comment le tres chrestien et tres victorieux Roy Charles huictiesme de ce nom, à banniere déployée, passa et repassa de journée en journée de Lyon jusques à Naples et de Naples jusques à Lyon. Publiée par P. M- Gonon. *Lyon, imp. de Dumoulin, Ronet et Sibuet*, 1842, in-8.   6 f.

Plant pourtraict et description de la ville de Lyon, au 16eme siecle, par Antoine Du Pinet, de nouveau mis en lumière par P. M. Gonon. *Lyon*, 1844, in-8.   3 f.

Coq a l'asne et chanson sur ce qui s'est passé en France puis la mort de Henry de Valois, jusques aux nouvelles deffaictes. publié par P. M. Gonon. *Lyon Dumoulin, Ronet et Sibuet*, 1843, in-8.   2 f.

Les Barricades de 1594 a Lyon. Brief récit contenant au vrai ce qui s'est passé en la réduction de la ville de Lyon en l'obéissance de sa Majesté, les 7, 8 et 9 février, publiées par P. M. G. *Lyon, Dumoulin, Ronet et Sibuet*, 1842, in-8.   5 f.

Discours sur la reduction de la ville de Lyon a l'obeissance de Henry IV, par A. Du Verdier, nouvelle édition, suivie d'une Lettre adressée a l'auteur du Discours d'une responce, et de cinq lettres de Henry IV adressées aux Lyonnois. Publiée par P. M. Gonon, *Lyon, Dumoulin, Ronet et Sibuet*, 1843, in-8, portrait.   3 f.

Response de Pierre La Coignée à une lettre escripte par Jean de la Souche à l'autheur du Discours faict sur la réduction de la ville de Lyon soubs l'obeissance du Roy, avec la copie de la dicte lettre. Nouvelle édition précédée du Discours sur la réduction de la ville de Lyon. *à Lyon, par Roland le Fendant*, 1594. (*Dumoulin, Ronet et Sibuet*, 1843). in-8, portrait   4 f.

Vaucanson a Lyon, chanson des ouvriers en soie de cette ville. Lyon 1844, in-8.   2 f.

Tableau de Lyon en 1786, par Grimod de la Reynière. *Lyon, imp. de L. Boitel*, 1843, in-8.   6 f.

Suppression du dernier couplet de la Marseillaise, et captivité de Rouget de l'isle en 1793. *Lyon, L. Boitel*, in-8.   75 c.

Médaille commémorative de l'établissement du système métrique et de son usage exclusif, publiée par P. M. Gonon, dessinée et gravée par Marius Penin. *Lyon, L. Boitel*, 1840, in-8 figure.   60 c.

Briève réponse adressée a la revue de Bibliographie analytique par l'éditeur de la tres curieuse et chevaleresque histoire de la conqueste de Naples par Charles VIII. *Lyon, Dumoulin, Ronet et Sibuet*, avril 1843, in-8.   60 c.

Médaille commémorative de l'inondation de 1840, a Lyon, *Lyon, imp. lith. H. de Storck*, 1841, in-8 et in-4.   60 c.

Portrait d'Antoine Du Verdier Seigneur de Vauprivas et historien Lyonnais, *Lyon, imp. lith. de H. Storck*, in-8, et in-4.   1 f. 25 c.

www.ingramcontent.com/pod-product-compliance
Lightning Source LLC
LaVergne TN
LVHW051331200726
843510LV00002B/601